Crianças de Hoje, Pais de Hoje

Criando Filhos Resilientes

Regina de Toledo

1ª Edição

São Paulo
2018

Crianças de Hoje, Pais de Hoje
Criando Filhos Resilientes
Regina de Toledo

Edição
Eldes Saullo

Revisão
Marco Kern

Projeto Gráfico e Editorial
Casa do Escritor
www.casadoescritor.com.br

Dados Internacionais de Catalogação na Publicação (CIP)

T645c   Regina de Toledo
              Crianças de Hoje, Pais de Hoje – Criando Filhos
              Resilientes 1. Ed. – São Paulo-SP: Casa do
              Escritor, 2018
              ISBN 9781719996990
              1. Psicologia. I. Titulo.
              CDD: 150

Sumário

Dedico este livro à minha filha, Carolina.

Introdução

No início, a intenção era publicar um livro trazendo minha experiência como sócia de uma creche-maternal criada na zona sul do Rio de Janeiro nos anos oitenta. No entanto, a partir de contatos com pais, profissionais de educação de crianças de zero a quatro anos, e preocupada com o aumento de diagnóstico de autismo e dificuldades cognitivas em crianças pequenas, da propagação de tratamentos com medicações de uso psiquiátrico, que levam muitas crianças saudáveis a serem diagnosticadas com doenças inexistentes, decidi ampliar este escopo.

O que está acontecendo? O que há de novo neste admirável mundo da relação entre pais e filhos?

Vejo crianças mais vivas e exigentes, presentes, inteligentes, sensíveis. Ao mesmo tempo em que cresce o número de pais despreparados e inseguros, não apenas quanto à função, mas quanto à sua própria vida. Tudo precisa ser revisto, abordar os desafios de uma maneira mais natural, através de métodos comprovados e reelaborados para os dias de hoje. Minha proposta é utilizar a simplicidade como parte das soluções, com bom senso, e ampliar sua segurança como pai ou mãe modernos.

O trabalho preventivo é urgentíssimo. E como é possível fazer isto? Sabemos que a cada dia cresce o número de crianças mais sensíveis, não apenas em quociente de inteligência, mas em evolução emocional, criatividade e brilho espiritual. Por estas razões, decidi ampliar este conteúdo com a contribuição de profissionais competentes e experientes, que me deram a honra de robustecer este livro com suas experiências. Estou certa de que elas ajudarão você, pai e mãe, educador, psicoterapeuta e a sociedade como um todo na criação e educação dos filhos. São abordagens bastante amplas que certamente poderão te ajudar nesta estrada.

Minha proposta se baseia no trabalho imediato, com métodos práticos, mesmo que com bases teóricas profundas, porque o momento exige soluções pragmáticas e urgentes.   Afinal, a responsabilidade com o desenvolvimento saudável das crianças é de todos nós e precisa começar o quanto antes.

O conteúdo que aqui publico são frutos e resultantes de muitos anos de trabalho de profissionais experimentados, de vivências pessoais, de estudos e pesquisas com comprovações científicas. O que é aqui apresentado tem sustentação prática ou experimental em instituições, consultórios, creches e escolas. Assim, trago um conhecimento seguro, algo que me deixa à vontade para convidar você para a leitura do livro em minha companhia e de meus convidados. A escolha destes profissionais se baseou na afinidade que tenho com suas experiências e linhas de formação teóricas e práticas.

Sou Regina de Toledo, psicóloga clínica, doutora pela Università Degli Studi di Padova – Itália e analista Reichiana, autora de dois outros livros , "Uma Viagem Entre o Céu e a Terra", no qual compartilho minha vivência espiritual e física pelos caminhos da Escola do Saber do Oriente, e "Resiliência Psicológica: As Quatro Qualidades Poderosas Para Superar Desafios", uma receita para seguir firme, mesmo que a vida insista em colocar tormentas e tempestades em seu caminho.

Criei, nos anos oitenta, a Creche Maternal Canto Mágico na zona Sul do Rio de Janeiro, uma experiência que transformou a vida de muitas crianças e pais. Com este trabalho fui convidada para ser consultora da "Revista Pais e Filhos", da Editora Bloch Manchete, durante cinco anos. Publiquei artigos para o Jornal da Família, do jornal "O Globo" e dei palestras sobre o tema "A mãe que trabalha e a creche-maternal" em empresas como Pirelli, entre outras.

No primeiro capítulo deste livro, apresento minha história mais a fundo e falo sobre a prevenção aos distúrbios emocionais decorrentes das imposições e demandas do mundo moderno.

No segundo capítulo, trago a experiência de Sandra Ebisawa, Doula, Escritora e Terapeuta de Consciência Corporal. Há mais de trinta anos, ela acompanha, dá suporte e apoio a partos normais, sendo ela mesma mãe de cinco filhos, dos quais dois são gêmeos, todos vindos ao mundo através do parto normal. O objetivo é transmitir a segurança que uma grávida necessita para decidir-se por um parto normal como primeira escolha, evitar uma cesariana, além dos benefícios que esta decisão pode trazer à mãe e a seu filho. O capítulo inclui o testemunho da Dra. Sonia Britto, médica homeopata, uma mãe que teve três filhos de parto normal em casa e um imprevisto, quando deu a luz no escritório de seu marido.

Logo depois, no terceiro capítulo, abordo uma das situações mais conflitantes da atualidade, a arte de educar para a vida com limite e afeto. Com a colaboração de Cecília Lessa, Psicóloga Clínica e Hospitalar com especialização em Psico-Oncologia, e Nair Wanderley Melo Filha, Psicóloga Clínica com pós-graduação em Psicologia Junguiana e Imaginário, elas questionam e trazem respostas sobre os desafios que as famílias precisam superar na imposição de limites. É possível diante das mudanças no âmbito familiar reafirmar antigos valores? Ou é preciso usar a inteligência e a criatividade em busca de novos valores que possam dar sustentação às transformações que estão em curso?

No quarto capítulo, a partir da minha experiência com a Creche Maternal Canto Mágico, da qual foi sócia e fundadora, levanto algumas questões fundamentais que você precisa se fazer no momento de matricular seu filho em uma creche.

Em seguida, no quinto capítulo, você vai conhecer o método da "Forest School, A Escola da Floresta", projeto da Psicóloga Carolina de Toledo Fattori. Ela compartilhará com você a experiência que tem como objetivo resgatar e manter uma vida física, emocional e mental saudável nas crianças e pais junto à Natureza.

No sexto capítulo, você estará na companhia de Roberto Cacuro e conhecerá o Relaxamento e Uso da Imaginação Para Crianças, a Tecnologia Educacional GiraSol, que ele coordena, junto com Samuel Napolitano.

No sétimo e último capítulo, trago alguns depoimentos com base em entrevistas que fiz junto a pais em diversos lugares. Quais são os maiores desafios que eles têm experimentado ou experimentaram durante a primeira infância dos filhos? Que reflexões e transformações obtiveram após a paternidade? Como fazem para dividir tarefas e cuidar de suas crianças neste mundo que exige cada vez mais comprometimento do tempo?

Após a leitura deste livro, espero que as informações aqui contidas possam clarear seu caminho na árdua e gratificante tarefa de criar um filho.

Capítulo I
Crianças de Hoje

O que se pode desejar e fazer para que o mundo se renove e se aprimore com as crianças que estão chegando? É inegável que elas são não apenas a esperança da humanidade como a fonte de Alegria.

Desde os tempos de Universidade, na Università degli Studi di Padova, na Itália, havia escolhido a Psicologia Preventiva, acompanhando "pais grávidos" e preparando-os para esta delicada e difícil função. Mas ao voltar ao Brasil não encontrei uma estrutura que me permitisse desenvolver este trabalho. Ainda na Universidade, escolhi como um dos estágios, o "Consultório da Criança Sã" onde observei e participei dos atendimentos em consultório da Dra. Nora Weber, Psicomotricista, especialista na prevenção e tratamento dos distúrbios emocionais em crianças com mães bilíngues provenientes da Eslovênia e que viviam em Trieste.

De volta ao Brasil, Trabalhei na Funabem na Escola Odilo Costa Filho para menores infratores e na creche-maternal para os funcionários da Instituição com uma proposta de "Arte e Educação". Como vice-diretora, desenvolvi um trabalho com os pais, participei de uma equipe multidisciplinar, principalmente no acompanhamento e prevenção dos distúrbios emocionais de crianças. Foi um ano muito rico em aprendizados.

Decidi então, seguir meu próprio caminho e abri a Creche Maternal Canto Mágico, na Zona Sul do Rio de Janeiro, o que mais tarde acabou gerando o convite para ser consultora da Revista "Pais e Filhos" da Editora Bloch Manchete e para fazer parte da equipe de consultores do "Vídeo do Bebê", da TV Manchete, vencedor do prêmio "Vídeo do Ano".

Implementei algumas técnicas com base em estudos e pesquisas sobre o trabalho de John Bowlby, Psicólogo inglês, da Clinica Tavistock.

John é autor, entre outros livros, de "Apego, Separação e Perda", sobre o relacionamento de crianças pequenas e suas mães.

Minha formação como Analista Reichiana trouxe uma compreensão ainda mais profunda dos distúrbios emocionais, por que e como ocorrem e o que pode ser feito para preveni-los. Reich abordou de maneira magistral a questão e o atendimento de futuros pais grávidos ou com filhos na primeira infância. Ele prevenia e orientava sobre os distúrbios emocionais, dando aos pais suporte e preparando-os para as mudanças em suas vidas. Em seu trabalho de atendimento, formou equipes qualificadas e deu uma preciosa ajuda "às Crianças do Futuro", como ele as chamava.

Trinta anos depois, a necessidade de retornar ao tema se deu ao perceber como o mundo tem lidado com essas crianças, nossas esperanças para um futuro melhor. Senti a urgência de abrir este assunto e ajudar você, Pai e Mãe, a ajudar às Crianças de Hoje a desenvolver todo o potencial com o qual estão chegando ao Planeta.

Os bebês de hoje chegam ao mundo ainda mais conscientes e despertos, o que exige de todos os adultos, que fazem ou não parte direta de suas vidas, mais atenção, carinho e preparo para convivermos e acolhê-las, pois elas nos trazem Luz e soluções.

Quais são os principais desafios que você vive no relacionamento com seus pequenos filhos? Impressiona a crescente independência destes seres, que antes dos dois ou três anos, já tomam decisões e demonstram um nível de consciência mais elevado que as crianças de outras gerações. Muitos assumem, ou tentam assumir, a liderança no relacionamento com os pais. Alguns são capazes de usar suas notáveis inteligências para manipular seus próprios pais. Possuem uma enorme capacidade de saber quais são seus sentimentos, pensamentos, e "fraquezas", têm uma enorme capacidade para aprender e para usar a tecnologia, e por estes e outros motivos, precisam ser direcionadas para atividades que as alimentem, enriqueçam e aproveitem tudo o que podem dar e receber. Isto inclui a formação de hábitos saudáveis, valorização de si e do outro, profundidade espiritual, sem ser necessariamente religiosa, integridade, atividades corporais naturais à sua idade, contato com a Natureza, relacionamentos afetivos e respeitosos para com o outro, estímulos à criatividade e à leitura. Estes são apenas alguns dos exemplos que podemos dar e para as quais as novas crianças estão mais que receptivas e abertas.

Durante os quase sete anos em que trabalhei com crianças pequenas, e no relacionamento com seus pais e equipes técnicas das escolas, coloquei não apenas meu conhecimento teórico e prático, mas também meu coração nos serviços de prevenção e manutenção da saúde delas e também de seus pais. Tudo isto, movida pela certeza de este é um caminho primordial para mudarmos o Planeta e aumentar o número de pessoas saudáveis e felizes.

Isto me custou renúncias e grandes investimentos financeiros, além de horas de trabalho. Na "Canto Mágico", onde passava uma média de cinquenta horas semanais ao longo dos quatro anos e meio em que lá estive, para compensar o tempo longe da minha filha, então com cinco anos, levava-a para a creche após seu horário escolar e deixava-a a ser "recreadora". Até mesmo quando uma ou outra professora se atrasava, permitia que ela fizesse o papel de professora substituta por alguns minutos. E ela se tornou muito querida pelas outras crianças, que volta e meia, pediam sua presença.

Ela contava histórias, auxiliava nas atividades de recreação ou simplesmente participava das festividades escolares. Comemorava seu aniversário com as outras crianças, ia a todos os passeios que fazíamos. Carolina se tornou uma excelente Psicóloga e também contribui com este livro no capítulo sobre "A Escola da Floresta".

Os resultados não tardaram a chegar à creche. Construímos relacionamentos vigorosos com os pais, familiares e com as crianças. Nosso principal objetivo sempre foi a prevenção dos distúrbios emocionais e o foco na saúde física e emocional, não apenas das crianças, mas também de seus pais e de toda a equipe. Éramos uma grande família, que convivia e se desenvolvia diariamente. Trocávamos ajuda e soluções, resolvíamos os inevitáveis conflitos em grupo, muitos deles envolvendo situações muito delicadas. Tudo isto sempre com a reafirmação constante de nossas linhas teóricas, dos métodos e práticas que norteavam nosso trabalho.

E hoje? Quais são as suas necessidades e as de seus filhos? Tenho a certeza de que tudo o que relatei até agora é mais atual que nunca. Todos os pais de hoje necessitam de orientação qualificada, de apoio à sua função, de compreensão e compartilhamento de experiências. As pressões sociais, emocionais e financeiras desorientam muitos pais e mães.

Ao mesmo tempo, as Crianças de Hoje já trazem consigo ou desenvolvem a partir de um novo estágio de consciência coletiva, que é preciso mudar os modelos sociais atuais, especialmente os ligados ao consumismo, deixando a priorização do materialismo e partindo para uma vida mais sutil, mais leve e valorizando o essencial. O homem precisa se empenhar em praticar os relacionamentos mais amorosos e solidários e as crianças são o caminho.

Vejo como uma necessidade urgente a revisão dos modelos impostos pelo capitalismo selvagem. A pergunta que você precisa se fazer constantemente é: o que é realmente necessário dar a seu filho e o que não é?

O uso do celular e da TV não é uma necessidade para seu filho. Muitos pais os utilizam como babás eletrônicas para seus filhos. A própria escola, no momento adequado, deverá introduzir a tecnologia em sala de aula. Mesmo que a "normalidade", ou seja, que grande parte dos pais permita e incentivem o uso desde cedo, só devemos permitir que uma criança tenha um celular à partir dos doze anos e, ainda assim, sob estreita supervisão dos pais. Caso contrário, isto pode prejudicar a saúde e o desenvolvimento emocional de seu filho. É importante que no começo este contato não dure mais que 40 minutos diários e, dependendo do uso que a criança faz, pode e deve ser retirado. Isto implica em um bom motivo para que você pai/mãe reveja os seus próprios hábitos automáticos e muitas vezes irrefletidos no uso das novas tecnologias.

O mesmo ocorre em relação à televisão. Submeter o sistema nervoso e o cérebro infantil a estes estímulos indiscriminadamente, mesmo que ela insista, pode trazer danos, já que ela é imatura física e emocionalmente. E isto se agrava quando a afasta do convívio com outras crianças ou da própria família, algo fundamental para seu desenvolvimento saudável. Com toda a certeza, uma criança prefere brincar com outra criança do que com qualquer amiguinho virtual. Mas a facilidade que muitos pais encontram quando submetem seus filhos às babás eletrônicas, muitas vezes por horas a fio, são prejudiciais.

Assim, urge a necessidade da criação ou recuperação de hábitos mais saudáveis, que tornarão seus filhos mais preparados emocionalmente para o futuro. Priorize sempre o contato, o diálogo, as brincadeiras compartilhadas. Conte histórias, peça aos avós que também o façam. Ouça o que seu filho tem a dizer sobre si mesmo, sobre seu dia-a-dia, sobre a realidade e como ele a observa. Responda sempre com carinho às suas questões. É imprescindível para os pais e para as crianças que se restabeleça o relacionamento construído a partir da brincadeira com outras crianças, o momento em que compartilham de seus mundos infantis, de suas fantasias.

Crie uma troca de cuidados com seu filho. Ensine-o que todos precisam cuidar de todos, pois isto transmite segurança para ele, além de gerar muito mais alegria. Envolva seu filho desde cedo também nas pequenas tarefas domésticas, obviamente com o cuidado e o respeito à sua idade, proporção e tempo de duração da tarefa. Com estas pequenas ações, e especialmente com sua presença, você perceberá uma mudança de hábitos saudável que se refletirá no relacionamento entre você e seu filho e dele com o mundo.

O maior problema, a meu ver, é que muitos pais desenvolvem um sentimento de culpa quando precisam negar algo ou contrariar seus filhos. Por estarem muito envolvidos com seus trabalhos e rotinas, acabam optando pelo caminho mais simples, o de ceder. O sentimento de culpa aflora especialmente quando se faz necessária uma atitude em relação a algo que você não quer permitir ao seu filho ou quando você permite, contrariando o que sente ser a ação correta. Na dúvida, procure fazer uma reflexão antes de tomar uma decisão. Treine este encontro consigo mesmo para decidir o que é melhor e mais saudável. A criação de hábitos é um processo diário. Nosso cérebro tem sempre a tendência a optar para o mais simples, mas nem sempre o mais simples é o mais indicado.

Deixe seu celular de lado e converse com seu filho, brinque com ele. Decida-se sempre pela intenção de fazer o melhor por seu filho, mesmo que isto vá na direção oposta à maioria, ao que os outros pais permitem, ao que a sociedade e o consumismo impõem. O caminho do meio e do bom senso é sempre o mais adequado.

É bom lembrar que o medo, em todas as suas formas, sempre gera decisões tensas e carregadas de sentimentos desordenados. Acalme-se, respire, reflita e depois decida. Procure estar em contato com pessoas mais velhas que tenham boas experiências na Educação dos filhos para compartilhar com você. Leia livros de bons autores que possam ajudá-lo.

Não há receitas de bolo para educar seus filhos, ninguém nasce pai ou mãe, mas quando após a paternidade, aprendemos pelo resto da vida, em cada uma das fases da "criança". E isto, por si só, já é um privilégio.

Como ser firme, dar "chão" a seu filho, sem perder a serenidade e a ternura?

As respostas estão nos próximos capítulos, nos quais busquei respostas para as situações mais delicadas, agudas e urgentes. Quero compartilhar com você minha visão e a de profissionais experientes que vão te ajudar no desempenho da função de Pai e Mãe de Hoje.

18

Capítulo II
O Exercício da Escolha

Sandra Ebisawa, Escritora e Terapeuta de Consciência Corporal, há mais de trinta anos acompanha, dá suporte e apoio a partos normais, sendo ela mesma mãe de cinco filhos, dos quais dois são gêmeos, todos vindos ao mundo através do parto normal.

Neste capítulo, o tema é o exercício da escolha na preparação para o parto consciente, com o objetivo de te dar mais segurança para decidir fazer um parto normal como primeira escolha, antes de fazer uma cesariana e os benefícios que esta decisão pode trazer a mãe e a seu filho.

Sabemos que o Brasil é um dos primeiros países no mundo no ranking de cesarianas. Na maioria das vezes, isto acontece sem questionamentos por partes das futuras mães, que se submetem à imposição da medicina oficial.

Também faz parte deste capítulo, o testemunho da Dra. Sonia Britto, médica homeopata e uma mãe que teve três filhos de parto normal em casa. Ela também passou por um imprevisto e um dos partos foi no escritório de seu marido.

Com a palavra Sandra Ebisawa:

"O controle emocional e mental é uma excelente ferramenta em determinadas situações. Ficaria ridículo se começássemos a chorar ao verificar que na conta bancária não está o depósito tão necessário e esperado para garantir comida na mesa até o final do mês. Mas se estivéssemos diante do caixa do banco nesse momento, nos "controlaríamos" e respiraríamos profundamente para permitir que a onda emocional passasse para podermos pensar na melhor solução.

Ainda assim, se você estiver grávida e engolir "esse sapo" sem ter bons resultados com a racionalização, o mais saudável é que chore profusamente, se essa for sua necessidade mais íntima. No caso da gravidez especificamente, a melhor opção é "perder o controle", aprender que existe em você "uma voz", que alguns chamam de intuição e outros de instinto, que guia toda mulher gestante, seguramente, até ao primeiro abraço em seu rebento logo após o parto.

Trata-se de um fenômeno que acontece com o gênero feminino durante o período da gestação. Perder o controle, neste caso, não é virar uma idiota histérica, mesmo porque uma inteligência especial está disponível para que você exercite sua possibilidade de "escolha" baseada naquilo que você necessita.

Acredito que a gravidez é muito mais do que aquele período em que você espera a chegada de um filho. É muito mais que as visitas mensais ao médico e todos os exames que você sequer sabia da existência. É mais que um longo momento de risos e lágrimas genuínas. Mais que preparar um enxoval e decorar um quarto de criança.

No período gestacional você torna-se um cálice sagrado, a mensageira do milagre da vida, a bendita entre as mulheres, e muito há para ser vivenciado como ponto crucial de seu processo evolutivo como ser humano. A gravidez é um rito sagrado que pode desencadear um crescimento emocional e espiritual sem comparação.

A nossa amada mãe natureza nos oferece este tempo, os 280 dias da gestação, para que possamos maturar e estar prontas para a chegada de nosso filho. Não importa o quanto você esteja se achando uma tonta, que vive chorando pelos cantos ou tendo verdadeiros êxtases de alegria.

Não importa se o cheiro do perfume do seu companheiro passou a te desagradar de um jeito que você nem consegue ficar perto dele quando ele o usa. É tempo de observar e obedecer a seus instintos... Coma melancias inteiras se isso te apetecer. Tenha quantas relações sexuais te satisfizer. Coma pitangas, pêssegos, uvas, bananas... Uma boa relação com o paladar será uma ferramenta e tanto quando seus instintos começarem a te mover.

Os sentidos, de uma forma geral, são muito importantes na conscientização corporal, emocional e mental no período "de graça" (um apelido para a gravidez). A mulher tem tudo para atravessar o ciclo mais interessante de sua vida.

O fato é que está havendo uma grande mudança em sua vida. Tudo te convida a MUDAR. Pronto, agora já não há necessidade de longos processos terapêuticos, custo da terapia, etc. A realidade te chama e te diz: "Oi, é tempo de mudança, aproveite! Mude... reveja, recorde, agilize, descanse, caminhe, dance, nade. Seja o que há de mais sagrado aqui e agora!"

Não existe nada mais importante que você nesse ciclo. Sua gestação é também a gestação de uma nova mulher em você. Essa história tem um começo, um meio e um fim. Tem um tempo também... 280 dias. Aproveite!

Sabe aquelas coisas que você sempre adiou fazer?

Faça, o tempo é esse! Sabe aquela dieta para a boa saúde que você sabe que deve fazer, mas com o automático ativo você quase não consegue tomar uma decisão consciente por dia? Pois decida agora! Leia tudo sobre alimentação, culinária, visite um bom restaurante com comida saudável e orgânica. Crie uma rotina que priorize o seu bem estar. E não estou falando somente do lado físico, mas também e principalmente do emocional e mental.

Afaste-se das burrices, informações de origens não idôneas. Prime pela qualidade em tudo. Ao que ouve, vê, saboreia, cheira... a tudo aquilo que entra e sai de você. Só converse com pessoas que possam expressar ideias e pensamentos positivos.

Afaste-se daqueles que só sabem falar de outras pessoas... Amenidades têm seu momento, mas definitivamente, acredite, você não precisa de amenidades, mesmo porque todo o seu SER está em revolução, gestando um ser humano. É um momento de magia. Você saberá quando estiver fazendo a "dieta da boa qualidade" que é escolher conscientemente tudo aquilo que entra e sai de você e que atrairá tudo aquilo que necessita.

Você é a protagonista desse espetáculo. Escolha e deixe-se guiar pelos seus instintos e pela sua intuição. Mas preste bem atenção para não confundir seu medo com instinto e intuição. Isso é muito importante. A maioria de nossos medos é infundada. Mas somos condicionadas e estamos adormecidas, por isso às vezes podemos confundir nosso medo com nosso instinto e intuição. Preste atenção às coincidências, observe seu pensamento. Ele é criativo e te produz serenidade? Não anseie por nada que diferente daquilo que seja o melhor para você. Siga procurando com confiança de que nada te faltará e que, quem cria a sua realidade é você.

Portanto, crie um ambiente de amor para você. Se não souber que atitude tomar, pergunte-se: Como o amor agiria nessas circunstâncias? Escolha! Conheça suas opções. Escolha o tipo de assistência de que você precisa. Escolha o lugar para o seu parto, a cor da roupa de sua "equipe", a roupa que quer usar ou não usar, sua mãe de parto (ultimamente também conhecida como doula).

Escolha seu obstetra (palavra derivada do grego cujo significado é: aquele que observa). Escolha quem vai estar no seu parto. Entreviste pediatras e anestesistas, tanto faz se sua opção for um parto hospitalar ou domiciliar.

O evento do nascimento do seu filho é muito importante, não é propício que você seja manipulada nem pelos seus medos e muito menos pelo medo de outras pessoas. Esteja cercada de pessoas de qualidade. Sua sexualidade é o medidor da qualidade da sua vida. Escolha viver seu esplendor sexual. Sua sexualidade sagrada. Escolha estar em parceria com um homem que possa se deixar guiar pela suas marés. Se o progenitor não atende a esse requisito, eu sugiro que se afaste dele o quanto antes. Sei que é absolutamente anti-institucional e que todas sonhamos com o exemplar José, com Maria e Jesus, mas, o fato é que um homem insensível pode atrapalhar muito. Se ele quiser tentar conscientizar-se, é bom para ele, posto que também está grávido e precisa de um suporte para essa grande mudança. Mas jamais permita que ninguém se interponha entre você e seu bem estar. Nem mesmo a sua mãe, se esta se mostrar despreparada. Se você deseja uma mãe de parto converse com estas mulheres, e escolha-a como quem escolhe um namorado. Seu corpo saberá que mulher será eleita para sua mãe de parto. Leia palavras edificantes e nutritivas, para alegrar a alma. Pense, pois o pensamento é um evento. Pensar é raro. Nós vivemos sob uma tempestade de sensações, de elucubrações mentais, de devaneios. Isso não é pensar. Pensar é bom e é do bem.

Registre essa fase de sua vida, mesmo que você não goste de escrever. Dê uma chance à sua livre expressão própria. Não se julgue você não tem esse tempo a perder. Vá direto ao assunto. Escreva as memórias desse período, escreva que leu este artigo e lembre-se que, se este pequeno artigo a tocou, é porque você faz parte de uma irmandade de mulheres, que dedicam a sua vida a exercitar os preceitos expostos aqui. Nunca mais você estará sozinha, pois se você busca a sua integralidade, você é parte da Irmandade das Mulheres da Terra. Mulheres que se preparam silenciosamente para mudar o mundo, para gerar um mundo mais harmonioso e uma humanidade mais consciente e pacífica.

E embora este artigo esteja falando do período gestacional, todas as mulheres que pensam na gravidez ou que estão "grávidas" de um novo ciclo na sua evolução podem beber dessas palavras e experimentar sua vida como quem está "em graça"! Pois a Mulher está sempre concebendo e gestando algo dentro de si.

De modo que desejo a todas as mulheres grávidas e não grávidas, que não temam seus corpos, seus instintos e intuição! Viva a sua sexualidade sagrada! Assuma o controle de sua vida e a responsabilidade pelas suas escolhas".

Complemento o tema sobre o parto normal com o depoimento da Dra. Sonia Britto, no qual ela relata suas experiências com os partos que viveu em casa:

"Meus três partos foram normais e domiciliares. Na época não haviam Casas de Parto nem doulas. O que já existia era um parto humanizado no Hospital Adventista em São Paulo, com menos luz, música, presença de um familiar e uma cadeira especial. Porém me senti mais à vontade na minha casa. Éramos pioneiros em 1989.

Como o próprio nome diz o parto é normal. A cesárea é um evento intervencionista para que se salve mãe e/ou criança caso ocorra alguma situação durante o parto como desproporção entre o tamanho do bebê e a bacia da mãe, se a placenta descola do útero antes da expulsão, placenta prévia ou baixa ou alteração importante do batimento cardíaco fetal.

A maioria das mulheres tem plena condição de ter um parto normal. É importante ter uma boa bacia, se preparar para o parto normal durante o pré-natal, fazendo exercícios como ficar de cócoras, yoga ou caminhadas. Na minha primeira gravidez, nadei até a última semana, o que foi fundamental para meu preparo. Gravidez não é doença, é Saúde, Luz e Missão. Somos a forma da Humanidade, acolhemos um Ser por nove meses em nosso útero para finalmente dar a Luz.

No meu primeiro parto tinha 33 anos. Tive uma gravidez muito tranquila, nadava três vezes na semana, comia muito bem, era vegetariana, mas sempre respeitei qualquer desejo que surgisse, entendendo como uma demanda do bebê. Comecei a sentir contrações fracas às 19hs do dia anterior ao parto. Fui dormir para descansar, pois sabia que no dia seguinte começaria o trabalho de parto. Acordei algumas vezes com uma dor leve e voltava a dormir. Às 07h30, não consegui mais dormir, as dores aumentaram a intensidade e frequência. Ali começou meu período expulsivo que duraria de duas a três horas. Telefonei para minha médica, que estava fazendo seu primeiro parto domiciliar. Ela chegou às 09h30, achando que eu estava em trabalho de parto, mas para sua surpresa, ao fazer o toque vaginal, já não havia colo segurando o bebê, só a bolsa que em seguida rompeu. Nesse momento senti que o bebê desceu muito. Foram 15 minutos para ele nascer. Esse é o parto sabonete, quando a bolsa rompe no final e o bebê escorrega. Uma benção!

Meu segundo parto foi com 38 anos. Foi uma gravidez inesperada. Estava viajando e percebi que havia algo estranho antes do atraso menstrual, porque comecei a achar que o vinho francês estava estragado em todos os lugares que experimentava. Tive algumas situações emocionais nesta gestação, o que acredito que gerou mudanças no fluxo da gravidez e parto. A data provável para o parto era início de maio, mas no dia 19 de março, enquanto atendia uma paciente no consultório, a bolsa rompeu. Acabei de atender e fui ao hospital onde estava minha médica. Ao ser examinada, ela constatou que eu havia entrado em trabalho de parto, mas que ia demorar, porque o bebê estava alto. Realmente só dei a luz às dez da noite. Esse foi um parto seco, no qual você sente o bebê em todo o trajeto, já que a bolsa está rota. Minha médica se preocupou com a prematuridade do bebê (32 semanas), tentou me convencer a ficar no hospital. Pedi para ficar só, entrei em contato com meu corpo, com o bebê (sim, podemos fazer isso!) e percebi que estávamos bem e prontas para um parto normal. Naquele dia, as águas de março caíram em São Paulo de modo que não conseguimos voltar para casa e o parto foi feito no estúdio fotográfico do meu marido. E lá nasceu minha guerreirinha, com 2200 gramas, várias circulares de cordão e um nó verdadeiro de cordão! Só então compreendi por que ela nasceu antes... Ou seja, no momento certo... Antes do nó apertar e fechar, o que não permitiria que ela recebesse oxigênio pelo cordão e provavelmente aspiraria intraútero! O puerpério foi bem trabalhoso, ela chegou a pesar 1800 gramas, teve icterícia, fizemos tratamento com luz por hora. Mas com muita amamentação, amor e cuidados como se fosse um bebê canguru, grudadinha na mamãe, conseguimos vencer todas as dificuldades".

No próximo capítulo, um tema que tem gerado muitos conflitos no relacionamento entre pais e filhos, o estabelecimento de limites.

Capítulo III
A Arte de Educar para a Vida com Limites eAfeto

A imposição de limites talvez seja uma das principais situações que geram conflito nos relacionamentos entre pais e filhos. Neste capítulo, trago as experiências das Psicólogas Nair Wanderley Melo Filha e Cecília Lessa sobre a atual crise de autoridade nas sociedades contemporâneas e que repercute diretamente na vida familiar.

"Mudanças radicais ocorreram na estrutura da família a partir dos anos 60, assim como alterações na ordem cultural que trocou a verticalidade do poder (hierarquia) pela horizontalidade das relações humanas e sociais. Tudo somado com novos costumes sugeridos pelos meios de comunicação e pelo avanço no uso das tecnologias, que causaram transformações profundas no âmbito das relações familiares.

A educação tradicional dirigida por imposições morais não funcionam mais. Ela era sustentada por uma rede simbólica em vários setores da sociedade, que passaram por mudanças de paradigma. Essa ideia frequente de família bem estruturada, envolvendo a figura paterna, a mãe e os filhos, não corresponde mais à diversidade dos modelos familiares decorrentes de tantas mudanças.

Portanto, há dificuldade em criar um modelo familiar, sob pena de cultivarmos uma idealização do que seja a vida familiar nos dias atuais. Hoje é muito comum encontrarmos famílias monoparentais e outras configurações formadas por dois pais, duas mães etc.

Em face desse contexto, para nós que lidamos com a psicologia humana, a palavra educação assume o significado de desenvolvimento integral do ser humano. Porém, a base de todo esse processo educativo sempre foi a família e a escola. Os principais pilares desse processo educacional integral são:

- A busca pelo autoconhecimento para o cuidado de si e desenvolvimento da autonomia.

- A consciência da necessidade de exercer a empatia para interagir de forma saudável nas relações interpessoais. (se colocar no lugar do outro, fortalecendo valores éticos).

- Estimular a vida criativa e simbólica para o enriquecimento do mundo interior (artes, cultura, espiritualidade, etc.).

- O empenho crescente no seu próprio desenvolvimento pessoal e na construção da sociedade na qual está inserido.

- A constante e dinâmica aquisição de informações para a construção do conhecimento nos diversos campos do saber.

Educar é a principal tarefa dos pais, embora as crianças passem boa parte do dia na escola. Os filhos hoje têm ocupado um papel de destaque no cotidiano familiar. Essa rotina gira em torno das suas necessidades e demandas, ou seja, eles se tornaram protagonistas do círculo familiar, modelo bem diferente de alguns anos atrás. Se por um lado, há um crescente investimento na educação das crianças e adolescentes, por outro esse empenho gera uma expectativa maior por resultados.

A principal preocupação dos genitores é cuidar e proteger seus filhos. Por conta disto, precisam estabelecer limites e regras de convivência que propiciarão ordem, organização no cotidiano e na vida psíquica das crianças. Dessa forma, os pais podem oferecer maior segurança aos filhos através da autorregulação para lidar com questões afetivo-emocionais, nos relacionamentos interpessoais e com o mundo externo.

Os limites são estabelecidos nas diversas fases do desenvolvimento da criança. No primeiro ano de vida em "Sua majestade o bebê." (S. Freud — 1914) refere-se aos cuidados com amamentação, maternagem e o aparato relativo à criação de uma rotina, com hábitos e horários, voltados para atender esse objeto do desejo recentemente recepcionado no seio familiar. O espaçamento do horário das mamadas e a introdução de outros alimentos apontam na direção da primeira grande frustração-limite: o desmame.

As recentes conquistas femininas, inclusive com maior participação econômica na vida familiar, por exemplo, poderá se fazer valer, marcando a significativa separação da mãe-bebê. Tal experiência poderá ser vivenciada de forma tranquila ou traumática para ambos, assim como também pode ser postergada, alimentando a simbiose mãe-bebê. Há vários aspectos envolvidos nessa engrenagem, mas sem dúvida será a partir desse ponto que se instauram as condições para dar início a autorregulação psíquica da criança e surgem o Sim e o Não, que vão formatar os limites dentro de seu universo.

É importante salientarmos que a introdução do Sim e do Não ocorrerá concomitantemente, com o brincar, com o desenvolvimento da imaginação (através das histórias) que estimulam a criatividade e o aprendizado dos valores éticos, morais etc.

Ao longo deste percurso, é fundamental que os pais estejam atentos ao estabelecimento de limites claros e necessários para a formação de indivíduos responsáveis socialmente e emocionalmente saudáveis. O aprendizado da criança ao lidar com tais limites a auxiliará no futuro como um instrumental para lidar com suas frustrações, dificuldades e desafios ao longo da vida. Tais limites precisam ser habilidosamente trabalhados com os filhos, tendo em vista que esse exercício os leva a se questionarem, a se autoavaliarem e também a inquirirem sobre o papel de seus pais.

Nesse desafio constante, a percepção dos afetos, tanto dos filhos quanto dos próprios pais, será de suma importância para o mútuo entendimento e construção dessa relação. A aplicação dos limites de maneira não castradora significa estar aberto para ouvir a criança e legitimar as emoções e sentimentos ao invés de criticar e julgar suas ações, ação que certamente poderá inibir o surgimento de potencialidades ainda não reveladas. Sendo assim, educar é uma arte que envolve a prática do diálogo, da escuta do outro, da negociação constante, bem como conhecer quem está recebendo o limite, quais são seus sentimentos e, finalmente, reconhecer as próprias emoções que estão em jogo naquele momento.

Já a adolescência é uma etapa de transição, um "vir-a-ser" para a vida adulta. É o momento da afirmação da identidade e da personalidade, período onde há uma demanda grande por afirmação. Assim, também é um período crucial para os pais ofertarem o diálogo. Nessa fase, é comum que os limites estabelecidos e pactuados anteriormente sejam questionados pelas "jovens crianças". Trata-se de um movimento que poderá abrir espaço para uma sensação de insegurança, especialmente no que diz respeito ao próprio potencial criador e realizador. Sendo assim, os pais precisarão estar abertos à conversa franca, pois muitas vezes essa disponibilidade apresenta resultados superiores em qualidade no comportamento dos jovens, do que monólogos e reprimendas que podem até promover o afastamento dos filhos, além de impactar negativamente na autoestima. Os jovens necessitam que os pais reconheçam e legitimem o que estão sentindo para que possam elaborar e superar momentos de dúvidas e insegurança.

Nós podemos avaliar o quanto as crianças e os jovens são afetados pelo uso das tecnologias? Damo-nos conta do quanto ela interfere no nosso cotidiano? Como administrar essas questões, para que não atrapalhem a vida escolar?

Surge, então, a oportunidade de podermos recorrer à prática da negociação com eles. Diversos estudos e pesquisas apontam que o uso indiscriminado desse aparato tecnológico (games, tablets, smartphones, laptops, vídeos etc), pode ser prejudicial à saúde dos usuários. Por exemplo, sabe-se que o uso abusivo interfere na produção de melatonina, que é um hormônio importante na regulação do sono. E como consequência, o uso compulsivo pode causar irritabilidade, insônia e fadiga ao acordar. Além de causarem ansiedade, depressão, entre outros efeitos, o uso indiscriminado da tecnologia afeta a produtividade e o bem estar. Portanto, é extremamente necessário delimitar horários e regras para o uso desses equipamentos. Outro aspecto a ser considerado é o excesso de exposição nas redes sociais, o que também leva a uma maior vulnerabilidade e riscos. Em razão da complexidade desses fatores, é de extrema importância uma atenção constante e cuidadosa no que diz respeito à intimidade das crianças e jovens com o manejo das tecnologias existentes e das que estão por vir.

O desejo de consumo é potencializado pela publicidade, que está por toda parte. Ela incentiva, sugestiona e induz a aquisição de produtos e serviços em múltiplos canais. Nossas crianças e jovens são bombardeadas com apelos e convites constantes ao consumismo. Chama a atenção o quanto essa dinâmica econômica repercute, inclusive, nas relações interpessoais e pode ocasionar vínculos pragmáticos e utilitaristas nas relações sociais. É comum na relação entre pais e filhos nas quais os responsáveis não dispõem de tempo suficiente, buscar compensar suas ausências com presentes. Isso faz com que o contato familiar corra o risco de se reduzir a cobranças, acertos de questões práticas e superficiais e, pior do que isto, restrito ao atendimento de demandas materiais. Isto gera laços afetivos rasos e o empobrecimento das relações. A responsabilidade pela combinação dos limites nas escolhas sobre o consumo, mais uma vez, fica em evidência.

É preciso destacar a importância de incentivá-los na participação de atividades colaborativas e compartilhadas, pois estas contribuem para o aprendizado dos limites, estimulam a participação coletiva e cooperativa, o que atribui mais responsabilidade e compromisso por parte das crianças e jovens junto ao grupo familiar. Esse aprendizado também favorece o despertar da autonomia no movimento psicológico de autorregulação e expansão.

Nestes momentos, muitas questões surgem diante dos pais responsáveis. Quais são os desafios que as famílias precisam superar? É possível, diante das mudanças no âmbito familiar, reafirmar antigos valores? Ou é preciso buscar novos valores que possam dar sustentação às transformações em curso?

Vivemos um período de transição e ajustes em relação a esse exercício da autoridade em família e na sociedade. Assim sendo, é necessário refletir sobre a disponibilidade para aceitar novos valores e paradigmas, de modo que as transformações possam ocorrer com base no respeito e aceitação das diferenças e na busca do equilíbrio e do bom senso. Essa abertura ao novo, não anula a importância de valores que, por gerações e gerações, se revelaram estruturantes da sociedade e da psique humana. Muitos deles são os alicerces da força e da resiliência da família.

A família tem se mostrado uma instituição resistente capaz de adaptar-se e sobreviver a diferentes momentos históricos, mudanças culturais e às crises. Ela se insere em uma ordem simbólica, pois lida com a questão primordial: a criação e a manutenção da vida, com um lugar de origem. E contribui para a idealização da família perfeita, aquele recanto especial de permanente aconchego, proteção, amparo e principalmente da preservação da vida. Uma das razões da vitalidade da família advém de conteúdos profundos presentes em nosso inconsciente coletivo, que reconhece e identifica nessa estrutura um lugar adequado para a vida ser gerada, desenvolvida e preservada: laços profundos de amor e afeto."

Com base em uma vivência conduzida pelas psicólogas em um condomínio fechado no Rio de Janeiro, trago algumas questões abordadas para te oferecer um espaço de reflexão sobre a arte de educar para a vida, com limites e afeto. Pense em cada uma delas e sobre como você pode agir para estabelecer limites e conduzir seu grupo familiar de forma mais construtiva:

- Como você lida com o estabelecimento de limites? Através do medo ou do carinho para ajudar a criança entender o que é certo e o que é errado ou o que é permitido e o que não é?

- Você e seu parceiro ou parceira fazem isto sozinhos ou juntos? E quando fazem sozinhos, um encontra apoio no outro nas decisões? Se não há este apoio, vocês discutem isto na frente da criança ou buscam chegar a um acordo para depois conversar com ela? Como vocês lidam com a ambivalência de mensagens, com a desautorização ou com a falta de comunicação e diálogo?

- Como lida com essas questões em meio a uma separação ou mesmo após, com um novo parceiro ou uma nova parceira que muitas vezes precisa lidar com seu filho ou com o dele/dela?

- Se você é separado, e precisa lidar com guarda alternada ou compartilhada, que ações você pode tomar para que reduzam ou eliminem os conflitos inerentes à imposição de limites aos filhos?

- Como as demandas profissionais e as multitarefas impactam nesta questão? Você tem sido permissivo ou condescendente para satisfazer sua ausência?

- Quando os filhos deixam o lar, geralmente após a adolescência, o que geralmente causa a famosa "Síndrome do Ninho Vazio", como você dialoga com eles sobre limites?

- Como você lida com argumentações, indagações e testes sobre os limites estabelecidos *a priori*, do tipo "Se você pode usar o celular, por que eu não posso?"

- Como lida com fantasias, antecipações e anseios por liberdade e autonomia precoces? "Eu já posso fazer o que eu quero", "Eu quero experimentar tudo."

- E com relação à sexualidade? Como você lida ou vai lidar quando seu filho ou filha adolescente apresentar um namorado ou namorada? E quando quiserem que eles durmam em sua casa?

- Que limites você impõe em relação ao uso de tecnologias: TV, celulares, computadores e outros meios de entretenimento que afastam a criança da realidade?

Estas questões são capazes de gerar emoções intensas e também muitos conflitos. É de suma importância que você acolha, oriente e esclareça sempre com afeto. E ofereça um retorno no sentido de ampliar a consciência (iluminar a sombra) da criança e não de tolhê-la.

O percurso do desenvolvimento emocional de crianças e jovens não acontecerá de forma linear e constante. Sendo assim, é importante oferecer a eles um suporte para as oscilações, instabilidades e desequilíbrios que surgirão ao longo do processo. É uma trajetória que se constrói no dia a dia, sendo indispensável a atenção, o amor e o cuidado da parte de quem se encontra na liderança desse ensaio desafiador e essencial ao futuro das gerações.

Trata-se de um assunto desafiador porque está diretamente ligado à vida em sociedade. A demonstração dos limites vivenciados na vida familiar irá favorecer a construção de um sujeito ético, com condições de assumir responsabilidades, avaliar seus atos, desenvolver sua autonomia, além de ser fundamental para um crescimento saudável, especialmente em sua vida afetiva e emocional.

No próximo capítulo, vamos abordar a questão das creches, ambiente cada vez mais utilizado em um mundo onde pais e mães precisam trabalhar fora para suprir as demandas da família.

Capítulo IV
Creches para um Novo Mundo

Passados trinta anos depois da bem sucedida experiência com a Creche Maternal Canto Mágico, volto a um dos projetos profissionais que mais me envolveram e trouxeram profundas alegrias. Compartilhar a vida com as crianças, pais e com a equipe responsável pelos cuidados e acompanhamento de seus desenvolvimentos, foi uma grande honra para mim. A dedicação e os estudos foram amplamente recompensados.

A intenção deste capítulo é trazer às creches atuais, à equipe psicopedagógica, a você, Pai e Mãe de hoje, e a seus filhos, minha visão da creche ideal com base no que vivi e experimentei no Canto Mágico. Todo o projeto da creche foi enriquecido pela teoria e método prático-clínico do Dr. Wilhelm Reich, no qual me especializei como analista, e pelos estudos do psicólogo inglês John Bowlby.

Ao escolher uma creche para seu filho, você precisa se certificar de que o lugar – o que inclui seus espaços internos e externos – contribua para o desenvolvimento saudável da criança. Salas, berçários, fraldários, cozinhas e todo o ambiente físico devem constituir um ambiente alegre, claro e o mais amplo possível.

A casa como um todo dever permitir a fácil circulação das pessoas que trabalham na creche, sem que haja locais muito isolados. Deve permitir o silêncio para descanso das crianças. Enfim um local harmonioso que traga paz, alegria e relaxamento. Leve em conta também a localização. Quanto mais próximo da casa da criança, melhor.

Mas não há nada mais importante para a formação das crianças do que os profissionais que lá trabalham. A integração entre os profissionais e pais precisa ser afetuosa, de parceria.

O primeiro mandamento em relação à equipe da creche é gostar de crianças. E isto significa ter uma grande capacidade de empatia. O profissional estará se relacionando com crianças muito pequenas, com bebês, que ainda não falam. Assim, é preciso compreender suas expressões faciais e corporais, cada olhar, cuidar da alimentação, do sono, do banho, dar colo, promover atividades lúdicas e o relacionamento com outras crianças. Do acolhimento na chegada, com a consequente despedida dos pais, até a volta para casa, tudo precisa ter como foco o amor e o cuidado.

Antes de matricular seu filho em uma creche, peça esclarecimentos sobre o método e proposta psicopedagógicos. Que filosofia e princípios norteiam o trabalho proposto? No caso específico do Canto Mágico, nosso objetivo era propiciar um desenvolvimento saudável às crianças, dar apoio, contribuir para a formação dos pais, para a prevenção de distúrbios emocionais e estender a convivência através de uma "família ampliada" com outras crianças e adultos.

É fundamental que os pais percebam equilíbrio emocional no conjunto da equipe, que conversem com todos, da direção às recreadoras.

Os pais também precisam saber qual é o propósito da creche e que os profissionais que lá trabalham não são substitutos das funções paternas e maternas, e sim um apoio tanto para a criança quanto para a família.

O bom profissional de uma creche, além dos cuidados diários, procura saber sobre os finais de semana, quando está com a família, entra e participa do universo dela. Também precisa passar segurança e tranquilidade, que há uma supervisão cuidadosa e que conta com toda ajuda disponível para prestar um bom serviço, especialmente nas situações que exigem maior atenção.

É fundamental que o relacionamento entre os membros da equipe seja de harmonia, respeito pessoal e profissional e que não haja competição. É indispensável que saibam que todos dependem de todos e que se forme uma verdadeira comunidade, na qual cada membro conta com o apoio e a confiança dos outros membros.

Isto se constrói através da rotina do dia-a-dia, do apoio e supervisão psicológica e pedagógica, da valorização dos dons naturais, da experiência e do conhecimento que cada pessoa da equipe trará ao trabalho.

Existe um currículo mínimo para as escolas maternal que as professoras estão capacitadas e qualificadas para desenvolver. O ideal é que a filosofia da organização combinem o desenvolvimento psicoafetivo e pedagógico.

É útil e desejável que a equipe técnica estude sempre textos que enriqueçam e aumentem o conhecimento de todos sobre o processo evolutivo das crianças, seu desenvolvimento saudável, novas técnicas pedagógicas etc. No Canto Mágico, adotamos como referência teórica, prática e psicológica, muitos textos de John Bowlby adaptados à realidade brasileira.

Todos podem contribuir com suas experiências, observações, críticas e contribuições para o aperfeiçoamento da dinâmica do trabalho de formação das crianças e prevenção das neuroses. Sugestões, projetos e ideias criativas, sejam da equipe quanto dos pais, devem ser sempre acolhidas e estudadas.

Devemos nos lembrar de que o funcionamento de uma creche se deve essencialmente ao trabalho em equipe e que, quanto maior a integração e o respeito à expressão individual de seus membros, melhores serão os resultados.

Enfim, todos são importantes no dia-a-dia da creche, não só pela função indispensável que cada um desempenha, como também pela convivência com as crianças, na troca de afeto, na confiança que estas pessoas criam e mantém. Porque cada função também ensina a elas, diferentes funções sociais: a cozinheira que prepara com arte o alimento, a faxineira que faz com que todos os ambientes estejam agradáveis e limpos, e outros membros da equipe, mesmo que temporários, como o pediatra ou a professora de natação, e assim por diante.

É também preciso estar atento ao número de crianças versus número de profissionais que os assistem. O berçário talvez seja a área mais delicada, pois exigem constante atenção das recreadoras e auxiliares de enfermagem. Exige também respostas às solicitações dos pais, observação da rotina dos bebês e maior frequência na interação entre pais e creche e vice-versa.

No Canto Mágico, aplicava o que aprendia com John Bowlby nos delicados períodos de apego, separação e perda que envolvia a adaptação de bebês. Nestes momentos, eram feitos os trabalhos de prevenção de neuroses e dava-se suporte ao desenvolvimento saudável com foco no fortalecimento do relacionamento entre mães e filhos. A observação neutra, o apoio às mães, a disponibilidade em atendê-las nos trouxe grandes resultados e gratificação.

Também é importante checar o nível de suporte pediátrico e os procedimentos em casos de emergências. No Canto Mágico, mantínhamos um pediatra exclusivo, com especialização alopática e homeopática.

Levante também questões em relação à alimentação. O ideal é que a creche ofereça comidas mais naturais e de qualidade e que observe e acolha os casos de dietas especiais. Não pode ser esquecido que o alimento está intimamente relacionado à vida afetivo-emocional do ser humano e um acompanhamento da creche e dos pais neste sentido é um passo a ser seguido.

No Canto Mágico, contávamos com um recreador do sexo masculino para emular a figura paterna, com participação em suas atividades lúdicas e pedagógicas, o que dava a elas suporte afetivo e emocional. Assim, a criança convivia com a figura masculina no seu dia-a-dia, não apenas nos momentos em que estavam normalmente com os pais. Isto também preenchia uma possível falta para as crianças de pais separados, com pouco ou nenhum contato com a figura paterna. Esta iniciativa foi de grande valia para o desenvolvimento de nossas crianças e apoio às professoras e recreadoras.

Entre as crianças podem acontecer episódios de agressividade. Assim, é importante saber como a creche lida com estes eventos. Quanto maior a criança, mais dor ou dano ela pode causar ao coleguinha. A atitude do educador é fundamental para que a criança agressora compreenda e se conscientize da dor que causa ao outro, primeiro através da contenção física e com palavras que o impeçam de prosseguir no ato agressivo. É importante o afastamento físico do grupo por alguns momentos, no caso de uma agressão mais forte, para que a criança se dê conta de que seu ato causa dano e não será tolerado. O pedido de desculpas do agressor é fundamental, seguido do abraço e do consequente retorno ao grupo para a continuidade das atividades. A criança agredida deve ser colocada no colo e consolada. O educador também deve conversar com todas as crianças e conscientizá-las que as agressões trazem dor a todos.

Os casos de reincidência devem ser levados imediatamente à supervisão ou à coordenação de Psicologia, que deverá entrar em contato com os pais para obter mais informações sobre a dinâmica e o momento familiar, que podem influenciar no comportamento agressivo da criança.

O incentivo ao potencial artístico também é fundamental. Cheque se a creche tem atividades que despertem e enriqueçam a criatividade das crianças.

A faixa etária à qual se destina a creche tem como um de seus pilares a fantasia que se confunde com a realidade do mundo adulto. Nessa idade, quando a criança já verbaliza, as atividades do currículo devem privilegiar a expressão das fantasias, das emoções tão afloradas e imediatas.

Por isso a utilização de contos, histórias, que podem ser dramatizadas pelas crianças, liberam cargas emocionais, ensinam as a vivenciar emoções fortes sem a censura e sem medo e, ao mesmo tempo em que diminuem a carga emocional das frustrações, permitem expressar a agressividade sem causar danos a outras crianças.

As artes são os veículos mais adequados porque trazem a beleza, a criatividade e a construção de obras que irão com a criança para sua casa ou presenteadas aos pais, aos professores ou até aos próprios coleguinhas.

A satisfação inquestionável a cada ato criativo dá à criança a sua independência emocional, contribui para a formação de sua autoestima e de sua consciência.

O desenvolvimento e fortalecimento mental através do "ouvir histórias" enriquecem e levam a criança a lugares novos, desconhecidos, fazem com que ela viva o papel do herói e ao mesmo tempo a descobrir outros personagens com os quais ela se identifica, o que a permite liberar estados emocionais de maneira construtiva sem se sentir ameaçada.

A criança até no mínimo quatro anos, é seu corpo. Por isso o movimento, que segue sua mente, deve ser incentivado e direcionado através de jogos e brincadeiras peculiares a cada idade.

Os jogos mentais devem ser oferecidos como atividade curricular mas sempre com carga horária menor se comparados com os que envolvem o corpo.

Festividades e comemorações, especialmente de aniversários das crianças, também são importantes para a integração. É preciso cuidar para que os alimentos — bolo e doces e salgados — sejam adequados à idade das crianças, evitar refrigerantes e dar preferência aos sucos naturais.

Os pais e a equipe podem participar juntos da decoração da festa.

Outro ponto que contribui para o desenvolvimento saudável são os passeios externos. O ideal são passeios em parques e jardins e até mesmo a algum lugar lúdico, como uma fazenda ou ao zoológico, para a que a criança tenha contato com a natureza e com os animais.

A visita programada à casa de amigos também funciona neste sentido. No Canto Mágico, este era um momento especialíssimo. As crianças se inscreviam para receber os amigos por duas horas em suas casas, iam à pé, com a professora ou auxiliares, o que dependia do número de crianças. A mãe da criança anfitriã recebia as crianças e esta mostrava seu quarto, seus brinquedos, passeio que culminava com um lanche. Todos ficavam contentíssimos e isto também gerava uma aproximação ainda maior entre a casa e a creche.

É importante também estar atento aos momentos em que as crianças relatam seus sonhos, seja em casa ou depois do sono na creche. Com a ajuda do educador, é possível dissolver medos e fazer com que a criança reconheça, de maneira lúdica, a existência da vida subconsciente.

O acolhimento dos pais é de suma importância. Instituímos a Escola para Pais, que nasceu naturalmente a partir das solicitações de informações vindas do contato diário com os genitores, das reuniões mensais regulares e da reflexão durante as supervisões com a equipe técnica.

Um dos pilares do projeto da Creche Maternal Canto Mágico foi auxiliar os pais no desempenho de suas funções. Nesta visão descortina-se um mundo vasto de necessidades e de possibilidades de respostas. A Escola para Pais foi se aperfeiçoando dia após dia e obtivemos resultados muito satisfatórios.

Trouxemos profissionais reconhecidos e respeitados em suas áreas para palestras sobre temas específicos e criamos cursos voltados para os pais, como "Preparação para o parto" e alongamentos com a técnica de Thérèse Berterat.

A iniciativa também contou com "Encontros de Arte ao ar livre", na área externa das instalações, quando promovemos encontros de pintura entre as crianças e suas mães, com a orientação da equipe. Foram momentos de grande manifestação de criatividade, nos quais as mães podiam projetar livremente sentimentos, emoções, através do "fazer junto" com seus filhos. As "crianças internas" destas mães puderam se expressar livremente, o que lhes proporcionou intensa alegria e libertação.

Lembro-me de que em algumas reuniões para os pais, estes me perguntavam quando criaríamos uma creche para os pais. Estávamos cientes de que nestas atividades, o adulto costuma sentir-se como uma criança, revivendo todas as etapas da infância, suas fragilidades, a espontaneidade ou a introversão natural de cada um, o desejo de reviver sensações, sentimentos, rever e muitas vezes curar dores e experiências vividas nestes períodos de suas vidas.

Uma de nossas propostas mais importantes e basilares na creche era a prevenção aos distúrbios emocionais. Tudo começava com a adaptação à separação da mãe, muito suavemente, e respeitando as reações emocionais da criança e prestando assistência também à mãe. Dávamos apoio emocional e fazíamos questão de mostrar o quanto seu filho era bem recebido e acolhido, o que dava mais segurança.

O trabalho preventivo se estendia às educadoras, recreadoras e auxiliares, com o suporte técnico e emocional necessários para seu desempenho profissional. Os canais de comunicação estavam sempre abertos.

Observe também se existem convênios com empresas no apoio e suporte ao funcionamento e de outras atividades na creche.

Estes requisitos não devem ser um limitador da creche. Em minha época no Canto Mágico, nunca pretendi, por princípio, que as crianças do maternal tivessem um aprendizado intelectual precoce. Porém, fiz questão que recebessem noções de Filosofia, Matemática, Artes (Teatro, Música, Pintura), através das histórias, dos trabalhos corporais, dos jogos e das brincadeiras nas salas de aula ou na área externa. Inclusive, tivemos alguns casos de crianças que começaram a ler entre três e quatro anos de maneira natural e espontânea.

O que sei é que certamente aprenderam sobre solidariedade, sobre ouvir seus semelhantes, a contar sobre si, a trabalhar junto, a respeitar a si própria e ao outro.

No próximo capítulo, você vai conhecer uma metodologia que incentiva o contato com a Natureza, atividade fundamental para o desenvolvimento saudável das crianças.

Capítulo V
Forest School -
A Escola na Floresta

O ser humano precisa reaprender e reconhecer a relação Corpo-Natureza. Estamos perdendo este contato por puro comodismo e por "uma certa preguiça" que o conforto propagado pela sociedade de consumo impõe. Substituímos o essencial pelo supérfluo, trocamos valores e hábitos indispensáveis à boa saúde física, emocional e mental por uma vida artificial, que pouco tem a ver com as necessidades das crianças. É urgente recuperar a simplicidade, o que é natural e conhecido pela espécie humana desde sempre, e unir ao conhecimento que adquirimos ao longo de nossa história.

Por isto, trago neste capítulo a experiência da psicóloga Carolina de Toledo Fattori, Psicóloga brasileira radicada em Londres e especializada "Forest School". A "Escola da Floresta" é um método atualmente desenvolvido na Inglaterra em escolas para crianças a partir de dois anos de idade até jovens. O objetivo é destacar a importância do retorno à Natureza, uma necessidade vital do ser humano.

"A "Escola na Floresta" é uma metodologia educativa desenvolvida na Dinamarca em 1950, na qual o contato direto com a natureza faz parte das tradições locais e atividades diárias das escolas. Tendo se destacado em outros países como, Reino Unido, Finlândia, Alemanha e Dinamarca. As crianças desenvolvem as habilidades motoras juntamente ao entendimento e cuidado de si e do outro. Aprendem a entender e respeitar o ambiente que as circunda de maneira lúdica e direta.

Nas tradições escandinavas, a cultura que norteia o contato com o ambiente é a de que não existe tempo ruim, mas sim roupas imprórias. Sendo assim, as atividades curriculares acontecem durante todas as estações do ano. Por isso mesmo, é muito importante salientar a necessidade de acessórios e roupas para qualquer situação.

A "Escola na Floresta" é idealmente praticada em bosques privados ou parques públicos. Nada impede, porém, que na ausência de espaços perfeitos as técnicas possam ser utilizadas em jardins, playgrounds, praias, campos e qualquer espaço onde haja um contato direto e seguro com a natureza.

As atividades ocorrem de maneira que a criança ou jovem possa aprender a manejar riscos e como evitar perigos de maneira autossuficiente. Para que isso aconteça, os riscos devem ser avaliados pelos organizadores antes de cada sessão. A ideia principal é que a criança escolha e tome decisões idôneas e aprenda a avaliar o processo como um todo, não apenas os resultados. Um dos tantos sucessos dessa metodologia é o aumento na autoestima. As atividades não buscam respostas binárias, como certo ou errado, mas acolhem maneiras diferentes de se resolver problemas práticos e estimulam a reflexão sobre as respostas.

A indicação geral das escolas de formação de professores em "Escola da Floresta" prescreve um número de dez sessões, com a duração de 2 a 4 horas, para que se obtenha uma mudança no comportamento ou a consolidação do aprendizado. Existem, no entanto, escolas e creches que utilizam o método diariamente ou semanalmente, englobando o *ethos* da metodologia no ensino formal.

Durante as sessões, o ambiente natural se torna sala de aula e professor. Entre o educador, aluno e Natureza se formam um triângulo de respeito, confiança e resiliência, o que representa as bases para o crescimento pessoal. Pessoas com autoestima, independência e resiliência aprendem melhor, aprendem com os próprios erros, sem medo de falhar, se recuperam mais rapidamente de traumas e enfrentam adversidades com mais sucesso.

Em um mundo onde as mudanças sociais, políticas e econômicas estão cada vez mais rápidas, é importante criar alternativas educacionais que suportem as exigências do novo sistema global.

Para despertar e manter o interesse do aluno, as aulas são planejadas para que o conteúdo seja acessível a todos, seja relevante para o conhecimento e possa expandir a curiosidade da criança. Existe uma atenção constante para que as ideias e propostas dos mesmos sejam englobadas e se tornem parte do planejamento semanal. O objetivo é de que o individuo seja participativo e se sinta parte integrante do processo, validando assim as suas opiniões e responsabilidade em relação ao grupo. Durante as brincadeiras e investigações, a criança desenvolve autonomia e, assim, o respeito às próprias ideias e opiniões.

O papel do professor nesse contexto é também o de estar sempre atento para que a criança seja validada e respeitada, tanto pelos adultos, quanto pelos outros membros do grupo.

Todas as sessões têm um início e um fim. Começa-se sempre com a negociação das regras de interação com o ambiente e outros membros do grupo, limites físicos e segurança.

Assim como é sempre terminada com a condivisão do que se passou, do que foi aprendido e do que ficou para cada membro do grupo. O final é um momento de compartilhamento de pensamentos, se possível, de alimentos e, se permitido, da fogueira. Na minha prática profissional, pais e familiares são convidados a participar ampliando assim os benefícios a toda família.

As aulas são lideradas por um profissional treinado que entenda o *ethos* da metodologia. O treinamento de um *Forest School Leader* é uma síntese de prática e teoria. Os líderes terminam o curso com um entendimento do desenvolvimento humano, da importância do desenvolvimento emocional e da socialização na vida de cada um. Aprendem também noções sobre o desenvolvimento das funções cerebrais e habilidades básicas de curso de sobrevivência. Os praticantes de "Escola na Floresta" devem ter um curso de primeiros socorros para ambientes externos e, normalmente, já vêm de uma experiência prévia nas áreas educacional, ambiental ou das ciências sociais.

O meu percurso profissional na Escola na Floresta começou em 2012 em uma creche no centro de Londres. Durante o treinamento pude constatar na prática os benefícios da teoria em todas as crianças, especialmente uma mudança sensível de comportamento em algumas que apresentavam dificuldades na separação com os pais e baixa autoestima. No período de 2012 a 2014, desenvolvi atividades em parques privados e públicos, levando grupos de até seis crianças de 2 a 5 anos acompanhadas por mim e mais um profissional. Em 2015, fui contratada pela escola onde já trabalhava como *Forest School Leader* para desenvolver um projeto que abrangesse todos os alunos da escola primária. Hoje, trabalho com crianças de 3 a 10 anos dividas em grupos com até 20 participantes.

Tenho visto a transformação de crianças que temiam o ambiente natural e, através da exposição e entendimento do mesmo, passam não só a apreciá-lo, como também a respeitá-lo. Através das crianças, o efeito positivo do trabalho desenvolvido semanalmente ou mensalmente, chega até a família. É comum que pais tragam relatos de passeios onde a criança os leva para conhecer onde brincaram e lhes ensinam nomes de plantas, os guiam através dos bosques e lhes aconselham sobre como cuidar desses espaços.

Achar uma área idônea para desenvolver as atividades requer muita atenção. É necessário fazer um estudo dos riscos possíveis, quais podem ser contornados, quais evitados, a equipe avalia se a área pode ser usada ou não usando uma escala de 1 a 10. É importante conhecer a fauna e a flora locais, o impacto que o uso constante pode ter sobre as espécies locais e os riscos desse contato para o grupo. Ter banheiros próximos e água não é necessariamente obrigatório. Caberá à equipe levar água e planejar banheiros portáteis ou alternativas de uso sustentável do espaço.

Através dos exemplos de atividades a seguir, dou uma ideia mais concreta do trabalho:

Esconde-esconde: 1,2,3, onde está você?

Essa brincadeira tem vários objetivos, os quais se adaptam dependendo da faixa etária do grupo.

O líder e as crianças (ou jovens) inicialmente vão delimitar o espaço no qual a brincadeira se desenvolve. Os limites podem ser marcados com cones, fitas, fitas de isolamento ou simplesmente através de um acordo verbal. O objetivo aqui é estimular a autonomia, a capacidade de avaliar riscos e a autoestima, quando a opinião da criança passa a fazer parte das regras do jogo.

Na segunda fase, è explicado que muitas vezes no bosque não conseguimos nos ver, mas podemos usar a voz para nos encontrarmos. Nesse jogo, quando a pessoa esta escondida, ela precisa responder ao chamado de quem a procura. Quem procura grita: 1,2,3, ONDE ESTÁ VOCÊ? Quem está se escondendo responde: 1,2,3, ESTOU AQUI! É importante treinar os chamados antes de começar a brincadeira, incitando o grupo a usar um volume bem alto para que possa ser possível encontrá-los rapidamente. Assim que alguém é achado, este se junta ao grupo na procura dos demais. O objetivo aqui è incentivar a exploração e reconhecimento da área, enquanto se promove a independência. A criança se sente segura ao saber que na ausência do adulto ela saberá o que fazer. Para isso é importante oferecer ferramentas e limites práticos para que ela se sinta segura ao se afastar do adulto.

Na última parte da brincadeira, o adulto, com a ajuda das crianças, reúne o grupo no campo base. Conta-se as crianças e, caso alguém não tenha seguido as instruções, é papel do adulto ressaltar os perigos caso estas não sejam seguidas. O uso das regras na "Escola da Floresta" tem como objetivo a prevenção de acidentes e não o de limitar a liberdade dos participantes. Por isso mesmo, as crianças são envolvidas na criação destas e ensinadas a refletir sobre o porquê das regras. As perguntas são abertas, de maneira que o espaço para reflexão fique sempre aberto.

Ex: Porque é importante responder ao chamado? Se eu não responder o que pode acontecer?

O local onde pratico as sessões é um parque/bosque muito visitado na cidade de

Londres. No qual *dog walkers* e proprietários de cães podem andar com estes livremente, sem o uso de coleiras, levando consigo grupos de até 10 animais. Tenho como regra que as crianças, quando vêm se aproximar um cão sem coleira, devem "virar estátua", não sendo permitida a interação com o animal, assim como correr e gritar. Quando perguntada pelas crianças o porquê dessa regra, eu devolvo a pergunta para eles e juntos chegamos às conclusões.

Caça ao tesouro com lixo

O impacto do lixo produzido por humanos é um tópico relevante a ser tocado durante as sessões. No currículo escolar Inglês dentro do estudo do *British Values*, se ensina questões ambientais e responsabilidade cívica. No caso de espaços públicos, è quase impossível não encontrá-lo. O recolhimento do lixo é feito através de coletores metálicos não sendo permitido o uso das mãos sem proteções. Através de perguntas abertas, se discute o que são materiais criados pelo homem ou naturais. Dependendo da decisão do grupo, o lixo será pesado ou os itens contados. Os materiais achados podem ser divididos em categorias (plástico, papel, vidro e etc...).

Caso se encontre algo curioso ou inusitado abre-se uma possibilidade para criação conjunta de uma história sobre esse objeto, de onde veio, como chegou até ali. É interessante criar a possibilidade de estender a sessão para a sala de aula. Por exemplo, em uma aula de Português, na qual a criança cria uma redação sobre os objetos encontrados, ou em Matemática, criando-se gráficos para quantificar os materiais encontrados.

Na minha experiência profissional, a Matemática e a Ciência (materiais, ciclo da vida, reconhecimento de espécies, gráficos, medição da idade de árvores e etc..) foram matérias nas quais as correlações são encontradas mais facilmente.

A leitura de livros durante as sessões permite uma introdução e desperta o interesse das crianças em relação ao que se fará na aula.

A caça ao tesouro pode ser feita das maneiras mais variadas. Com as crianças menores pode-se usar o critério de medidas.

Por exemplo, maior que, menor que, ou cores, ou formas. Com os maiores pode-se usar o aprendizado das espécies locais usando nomes das plantas a serem identificadas.

A "Escola da Floresta" ajuda as crianças e jovens a desenvolverem independência, autoestima, confiança nas próprias habilidades, incentivando o crescimento emocional. Isso é alcançado através do planejamento de cada sessão com objetivos alcançáveis de maneira que, a criança tenha comprovações concretas do seu progresso, juntamente ao encorajamento e confirmação do educador.

A prática desse trabalho promove o desenvolvimento holístico, na qual as necessidades individuais são consideradas. O ambiente natural provê uma vasta gama de estímulos sensoriais, que permitem que indivíduos com estilos de aprendizados diferentes possam se beneficiar do conteúdo das aulas. Percebi que o mais importante, enquanto profissional na área, é usar a flexibilidade e a resiliência para adaptar os princípios da "Escola na Floresta" à realidade do ambiente no qual atuo.

Existem inúmeros artigos e pesquisas sendo publicados relacionando o contato com a natureza e a melhora da saúde mental e física do indivíduo. Vemos também que há um sensível aumento na qualidade do aprendizado por parte das crianças e jovens ao serem expostos à Escola na Floresta.

Espero ter despertado o interesse sobre a metodologia da "Escola da Floresta" e que, a partir desse primeiro contato, você possa entender um pouco sobre o trabalho e os benefícios da metodologia e incentivar seu filho no contato com a Natureza."

No próximo capítulo, você vai conhecer a Tecnologia de Relaxamento Criativo, base do trabalho da Associação GiraSol São Paulo.

Capítulo VI
Tecnologia Educacional GiraSol

R oberto Cacuro é Psicanalista, Doutor em Saúde Pública pela USP, com Mestrado na Universidade Paris VIII. Desde 2009 ele é Coordenador da Associação GiraSol São Paulo, associação civil sem fins lucrativos que tem por missão a promoção integral da saúde e valorização da qualidade de vida.

A Associação desenvolve há 10 anos em escolas de São Paulo o Programa GiraSol Escolar junto a crianças, adolescentes além de professores e gestores. Através da Tecnologia Educacional

GiraSol (TEG) o objetivo buscado é a ampliação do discernimento das crianças e adolescentes, base de escolhas saudáveis no decorrer de sua vida.

Trabalhando com técnicas de relaxamento e construção de imagens mentais o programa propicia às crianças, adolescentes e adultos envolvidos:

> "Pensar em si mesmos, pensar no que estão fazendo em sua vida, no que outros estão fazendo em sua vida, pensar no que gostariam de fazer de sua vida, pensar no que podem fazer com sua vida."

Com a redução das tensões e ativação da imaginação de modo autônomo (o inverso da enxurrada de imagens prontas que recebemos) se promove ao mesmo tempo o desenvolvimento das competências cognitivas.

Ao longo dos últimos 30 anos diversos estudos têm demonstrado redução da ansiedade e de sintomas de depressão, melhora do sistema imunológico, aumento da atenção e da concentração. Além do que, de um ponto de vista pedagógico, os professores relatam sentir-se melhor em seu trabalho, particularmente depois da aplicação dos exercícios aos alunos.

Um dos pilares deste método é o fortalecimento dos recursos internos como alimento para o aumento da resiliência, da autonomia e construção de termos de referência interiores e estabelecimento da compreensão crítica, o que possibilita "estar no mundo, mas não ser do mundo".

Além disso, dado que raramente os problemas são resolvidos na velocidade que gostaríamos, sendo necessários quase sempre tempo e recursos, com a prática das técnicas do programa a criança aprende a desenvolver a perseverança e a tenacidade.

De modo geral, trata-se de cultivar experiências positivas precoces nas crianças que produzam efeitos duradouros em seu organismo como um todo: sistema de resposta ao stress + estruturas cerebrais correspondentes + processamento emocional dos impactos recebidos.

Crianças e professores obtêm com a prática continuada das técnicas do programa:

- Aprendizado do relaxamento dos diversos grupos musculares;
- Capacidade de auto-observação e mudanças de atitude em uma direção positiva conscientemente elaborada;

- Redução dos padrões condicionados de pensamento e conduta;
- Controle sobre a dinâmica individual de funcionamento do stress e sua produção.
- Construção de novas possibilidades de vida que se situam além do estado presente.

Especificamente de um ponto de vista cerebral e mental todo o esforço é voltado para a criação de um posicionamento mental orientado para um desenvolvimento harmonioso que tende a criar os meios adequados ao alcance desse fim. De fato, como atestam diversos estudos em neurociências, quando são oferecidos ao indivíduo novos cenários e escolhas, ao cérebro caberá antecipar a reação adequada para o alcance do resultado desejado. O que acontece é que o indivíduo aprende em função das expectativas e resultados que ele constrói e assume como próprios - o que acabará resultando em alterações em seu comportamento que se alinhem a tais propósitos.

No âmbito ainda do trabalho com a imaginação a Tecnologia Educacional GiraSol se apoia nas metáforas e analogias presentes nos chamados contos-ensinamento.

O Conto-Ensinamento é um instrumento útil para abertura de canais de percepção que conduzem a novas maneiras de pensar e de ser. Através das histórias são realizadas conexões mentais sutis que facilitam a compreensão de certos aspectos dos problemas cotidianos difíceis de explicar ou expressar de outras maneiras. Esses contos são excepcionais no preparo da mente para trabalhar informações em níveis diferentes ao mesmo tempo, realizando múltiplas conexões mentais que facilitam o entendimento de acontecimentos inapreensíveis em termos unicamente lógico-racionais. De fato, os contos envolvem ambos hemisférios cerebrais ao mesmo tempo, colocando em operação simultaneamente duas formas complementares de compreensão: lógica ou linear e analógica e holística.

Por exemplo, em um desses contos um Rei, contra a expectativa geral, premia o que considera a melhor pintura a retratar a "paz" entre centenas de outras possibilidades que a representam com cenários idílicos. Explica então a razão de sua escolha aos súditos:

"A paz não consiste estar em um lugar sem barulho, sem problemas, onde não há trabalho duro e não se sinta tristeza. Paz significa que, apesar de todas essas coisas, nós nos sintamos tranquilos em nossos corações.

Quando encontrarmos a paz interior, encontraremos equilíbrio em nossas vidas".

Deixo aqui um desses contos que você pode praticar com seu filho.

A Lenda das Areias

Vindo desde suas origens nas distantes montanhas e depois de passar por inúmeros obstáculos atravessando vales e campos, um rio finalmente alcançou as areias do deserto. E do mesmo modo como vencera as outras barreiras o rio tentou atravessar essa que se apresentava agora, mas se deu conta de que mal suas águas tocavam a areia nela desapareciam.

Estava convicto, no entanto, de que fazia parte de seu destino cruzar aquele deserto, embora não soubesse como fazê-lo. Então uma voz misteriosa, saída do próprio deserto sussurrou:

— "O vento cruza o deserto, o mesmo pode fazer o rio."

O rio contestou que estava se jogando contra as areias sendo assim absorvido enquanto que o vento podia voar, conseguindo dessa maneira atravessar o deserto.

— "Jogando-te do modo como te habituaste a fazer não conseguirás cruzá-lo. Assim desaparecerás ou te transformarás num pântano. Deves permitir que o vento te conduza a teu destino."

— Mas como isso pode acontecer?

— "Consentindo em seres absorvido pelo vento."

Essa ideia era inaceitável para o rio. Afinal, ele jamais havia sido absorvido antes. Não queria perder a sua individualidade: se a perdesse, como teria certeza que a recuperaria depois?

— "O vento desempenha essa função, disseram as areias. Eleva a água, a conduz sobre o deserto e depois a deixa cair. Caindo na forma de chuva, a água novamente se converte num rio."

— Como posso saber se isso é verdade? Perguntou o rio.

— "Pois assim se passam as coisas, e se não acreditas não te tornarás nada além de um pântano, e ainda isso levaria muitos e muitos anos. E um pântano certamente não é a mesma coisa que um rio."

— Mas não posso continuar sendo o mesmo rio que sou agora?

— "Não podes, de modo algum, permanecer assim – retrucou a voz. Tua parte essencial é transportada e forma um rio novamente. És assim chamado ainda hoje por que não sabes qual parte é tua parte essencial."

Ao ouvir tais palavras, certos ecos começaram a ressoar nos pensamentos mais profundos do rio. Recordou vagamente um estágio em que ele – ou uma parte dele, não sabia qual – fora transportada nos braços do vento. Também se lembrou — mas será que era uma lembrança? – de que era isso o que devia fazer, mesmo que não parecesse a coisa mais natural.

Então o rio elevou seus vapores nos acolhedores braços do vento que, suave e facilmente, o conduziu para o alto e para bem longe, deixando-o cair suavemente tão logo tinham alcançado o topo de uma montanha, milhas e milhas longe dali.

E porque tivera suas dúvidas o rio pôde recordar e gravar com mais firmeza em sua mente os detalhes daquela sua experiência. E ponderou:

— Sim, agora conheço a minha verdadeira identidade.

O rio estava fazendo o seu aprendizado, mas as areias sussurraram:

— "Nós temos esse conhecimento porque assistimos essa operação ocorrer dia após dia, e porque nós, as areias, nos estendemos por todo o caminho que vai desde o rio até a montanha."

É por essa razão que se diz que o caminho que permite ao Rio da Vida prosseguir em sua viagem está escrito nas Areias do deserto.

Essa bela história é encontrada na tradição oral em muitas línguas diferentes. Ela é sempre utilizada entre os dervixes (Buscadores da Verdade) e seus discípulos. Foi utilizada no livro "Rosa Mística do Jardim do Rei", de Sir Fairfax Cartwright, publicado na Inglaterra em 1899. A presente versão provém de Awad Afifi, o Tunisiano, morto em 1870 (Idries Shah, Contos Dervixes, p. 20)

As técnicas de Relaxamento e elaboração da Imaginação aqui descritas poderão ser conhecidas também através de cursos e palestras para você, Pai e Mãe de Hoje.

Saiba mais no site da Associação GiraSol São Paulo em:

http://www.girasolsp.org.br

No próximo capítulo, trago alguns depoimentos com base em pesquisas que fiz junto a pais. Quais são os maiores desafios que eles têm experimentado ou experimentaram durante a primeira infância dos filhos? Que reflexões e transformações obtiveram após a paternidade? Como fazem para dividir tarefas e cuidar de suas crianças neste mundo que exige cada vez mais comprometimento do tempo?

Capítulo VII
Pais e Mães de Hoje

Tenho conversado com os Pais e Mães de Hoje nas mais diferentes situações. Neste capítulo, reuni algumas histórias a partir da observação do relacionamento destes com seus filhos e do questionamento sobre suas visões no gratificante trabalho de criar. E também trago um belíssimo depoimento de um escritor as voltas com o crescimento da filha. Todos carregam experiências humanas preciosas.

Os depoimentos deste capítulo têm como objetivo apresentar os desafios, as reflexões e as mudanças que as experiências paternas e maternas trouxeram aos entrevistados. Os pais foram escolhidos através da observação com seus pequenos filhos em situações informais, em locais públicos.

Wallas, 37 anos, e Débora, 39, são pais de Estevão, de dois anos e sete meses. Eu estive em uma lanchonete, enquanto alimentavam o filho. Estevão era o primeiro e único filho do casal, veio ao mundo depois da perda de um bebê já no sétimo para o oitavo mês de gestação. Débora tem trombofilia e eles descobriram isto após a perda. Por causa disto, não pretendiam ter outro filho, devido aos riscos para a saúde e vida da mãe.

Perguntados sobre os maiores desafios vividos nos anos da primeira infância, responderam que era saber o tom correto de educar, algo que eles se cobram muito e questionam-se o tempo todo, se estão no caminho correto, se são rígidos demais ou de menos.

"A vida passa a ter sentido nas realizações do filho e no seu bem estar. Todas as nossas escolhas e decisões passam pelo filtro do que pode ser ou não bom ou não para o filho. Trata-se de um filho muito desejado, o que se intensifica com a perda do anterior, é absurdo dizer isso agora, mas ainda convivemos com o medo da perda. Estamos sempre o protegendo e nos questionamos se o excesso de proteção vai ajuda-lo ou atrapalha-lo", conta Débora.

Débora cuida dele o tempo todo. Ela trabalhou até a perda do bebê. Depois ficou por conta de cuidar da casa e se preparar para a gravidez de Estevão. Como eles vivem sempre em mudança por causa da profissão do marido, ela não consegue investir em uma atividade fixa.

Perguntei a eles como dividem as tarefas domésticas e Wallas foi direto: "Confesso que não ajudo muito em casa. Essa função fica praticamente toda com a Débora".

A mensagem que querem passar a outros pais é que não tenham receio de transmitir velhos valores. "Os novos valores da sociedade atual têm se mostrado falhos. Precisamos garimpar o que há de novo, mas principalmente resgatar o que é apontado como antiquado em termos de educação", completa Wallas.

Também os questionei se eram favoráveis a colocar o filho em uma creche e Débora respondeu:

"Sim, somos a favor, desde que seja com a consciência de que a responsabilidade pela educação do meu filho é toda dos pais e que a creche ou escola cumprem uma parcela do processo de educação. O espaço educacional fora de casa deve ser entendido como um ambiente para se aprender o que não é possível ensinar dentro da casa. Os dois ambientes precisam estar integrados e harmônicos, prevalecendo o lar como mandatório em termos de educação. O grande erro dos pais modernos é que estes estão entendendo a creche ou escola como totais responsáveis pela educação em geral e que, ao final do dia, devem entregar os filhos alimentados, limpos e cansados, prontos para dormirem e não importunarem os pais no restante da noite. Na realidade, muitos pais não percebem que estão usando a creche ou escola como orfanatos para crianças com pais vivos. Sei que isso é fruto do modelo atual e que ambos trabalham etc, as desculpas são inúmeras... mas o resultado que temos visto no mundo de hoje é devastador. Falta família no padrão antiquado, se assim querem chamar, para sustentar uma sociedade minimamente civilizada. Sim, somos a favor do envio da criança bem cedo para a creche, mas para que o ser humano em desenvolvimento receba os estímulos corretos que o ambiente de casa não proporciona naturalmente. Creche deve ser escolhida por pais que se preocupem em, pelo menos, ler e entender a proposta pedagógica. No nosso caso, escolhemos sempre escolas confessionais, pois acreditamos que esse modelo guarda aspectos éticos relevantes que as escolas não confessionais estão abdicando".

Durante um passeio ecológico, conversei com Sérgio, 36, e Rafaela, 35. Eles são pais de Joaquim, de dois anos, que também é filho único. Mas eles pensam em ter mais filhos.

"Optamos por um tipo de criação diferente da maioria da sociedade em geral, começando pela família, devido ás nossas escolhas. Escolhemos a criação com apego, a disciplina positiva e a amamentação prolongada. Que não quer dizer que seja melhor que qualquer outra opção de educação, mas em nossa sociedade, uma escolha diferente do padrão gera incômodo e questionamentos. Dar colo sempre que a criança quer, cama compartilhada, amamentação exclusiva até os seis meses e continuada até os dois anos, sem bicos artificiais e leite artificial, zero açúcar até os dois anos, sem tela (ou quase) até os dois anos, não gritar com a criança, não colocar de castigo etc. A pressão para o desmame é grande, a falta de apoio quando se está amamentando é algo que nos deixava bem chateados, pois ninguém se oferecia para fazer uma comida quentinha ou ajudar na faxina da casa... queriam enfiar uma chupeta na boca de um recém-nascido para deixar a mãe mais livre. Esta falta de empatia de todos os lados foi bem difícil no puerpério. Estas foram e são uma das maiores dificuldades na criação que escolhemos para nosso filho. Apesar de nossas escolhas nos demandar mais atenção e tempo para a criação do nosso filho, acreditamos que seja o melhor para ele".

Perguntados sobre as reflexões e mudanças internas que têm vivido depois de se tornarem pais, responderam que passaram a ver o mundo de forma diferente. "Com um filho começamos a ser mais pacientes, empáticos e assertivos, não apenas com ele, mas entre nós e com as pessoas ao redor", disse Rafaela.

Entre eles não há divisão de tarefas, a responsabilidade é assumida pelos dois. "Fazemos o que for necessário independente de divisões. Quando chego em casa, tento ficar e interagir mais com o Joaquim para aliviar a mãe que já ficou com ele o dia todo. Mas depende muito do dia e da circunstancia", explica Sérgio.

Eles aconselham que os novos pais busquem informação, que não se baseiem apenas na maneira com que foram criados. "As pessoas são criadas de um modo, mas tudo evolui. Temos que ser mais críticos com o que a sociedade impõe e ninguém melhor que os próprios pais para saber o que é melhor para seu filho", afirma Rafaela. Para eles, seguir a intuição, fazer por eles o que gostariam que tivessem feito com você e se colocar no papel da criança são seus guias. Siga a sua intuição, faça por eles o que gostaria que tivessem feito com você, se colocando sempre no lugar da criança. "Fases passam...", complementa Rafaela.

Sobre colocar o filho em uma creche, eles preferem fazer isto após os três anos, pois creem que a melhor opção dos filhos na primeira infância são os próprios pais. "A criação do vínculo, a construção do paladar da criança baseado na alimentação oferecida exclusivamente pelos pais é fundamental e quanto mais evoluído emocionalmente antes de ir para a creche melhor".

Trago a seguir o depoimento de Joe, 38, e Érica, 13 anos mais nova que ele. Eles são pais de Nayumi, de seis anos, e Maitê, de três, e não pretendem ter mais filhos. Seus maiores desafios foram as necessidades de adiar ou até mesmo abandonar objetivos nos estudos e na carreira. Joe abdicou do trabalho diário, passando a dar treinamentos on-line como Coach de Carreira, para sobrar mais tempo às filhas. Érica escolheu continuar em seu trabalho para terem um salário fixo e não colocar o lado financeiro da família em risco. Ela dá atenção às filhas após o trabalho. "A avó também dá uma boa ajuda", explicam sorrindo.

"Como pai, aprendo muito com minhas princesas, principalmente a questão da disciplina com horários (tudo tem a hora certa). Se nos permitirmos as distrações digitais acabamos influenciando nossos filhos a fazer o mesmo, já que isso os atrai ao ponto de se perderem no tempo... Dizer "não" da forma correta também nos traz grandes aprendizados. Ao invés de dizermos "Não mexa na tomada", temos que redirecionar o foco da criança para aquilo que realmente queremos, damos um brinquedo que ela gosta muito para brincar. Essa mudança evita choros, teimosia e até mesmo acidentes", aconselha Joe.

Para eles, a divisão de tarefas é um grande desafio. Apesar das meninas frequentarem uma creche, sobra pouco tempo entre os horários de levar e trazer, o que é feito pelo Pai. Ele precisa conciliar essas poucas horas com seus treinamentos e algumas atividades domésticas. Como a mãe chega do trabalho cansada, muitas tarefas acabam se acumulando.

"Somos a favor da Creche. A criança se desenvolve muito mais, melhorando a convivência social e o aprendizado, além de sobrar mais tempo para os pais", diz Érica.

Eles aconselham os Pais de Hoje a dedicarem o tempo que perdem nas redes sociais aos filhos, ao invés de coloca-los para assistirem desenhos ou jogos no tablet ou celular. "Aproveite o máximo do seu tempo com seus filhos. Passa muito rápido! Quando você menos espera eles cresceram!"

Para fechar este capítulo, trago o depoimento de Carlo Scirocchi, italiano, autor do livro "Viaje em el Espacio (Sagrado)". Certamente, uma bela experiência de um homem sensível, filho de um pai que o marcou positivamente, que se viu de repente como pai de Beatrice. A aceitação de situações humanas imprevisíveis, as transformações que trouxe à sua vida e as reflexões demonstram a visão poética de um escritor.

"Um dos presentes mais belos que recebi da Providência é o nascimento de uma menina, há 23 anos. Nasceu abaixo do peso, por um problema na placenta, e era tão pequena, nos primeiros meses, no inverno, eu a levava pelas ruas dentro de uma mochila de carregar bebês embaixo de meu casaco invernal. Chorava, se movia e os curiosos transeuntes me perguntavam que animal raro eu estava escondendo. Abria o zíper do meu casaco e todos diziam "Oh", ao ver sua carinha rosada cheia de sono do filhote na toca. Com seu corpinho que se esquentava com o meu me sentia o homem mais feliz sobre a terra, orgulhoso de dar proteção à fragilidade do que seria uma mulher humana no planeta, uma menina sorridente e confiante, pronta para contribuir com níveis de felicidade pelo nascimento de futuras criaturas.

Passaram-se muitos anos. Agora é uma mulher, porém para mim foram anos de amadurecimento que me acompanharam ao cruzar os 50 anos e depois os 60. Muitos anos onde deixei de lado velhas esperanças para adquirir o novo, abrandei formas de morbidez excessiva, encontrei a maturidade de pensamentos e sentimentos, aumentando a vacilante confiança em mim mesmo, reconhecendo ao menos uma parte das minhas infinitas negligências.

Recordo de todos os seus sorrisos, suas brincadeiras, suas expressões de alegria e tristeza. Recordo as cores de seus vestidos, as jaquetas grandes demais para que durassem mais de uma temporada porque o crescimento era rápido e não pesasse demais nos gastos. As notas de sua voz continuam tão vivas e presentes que quando ouço a voz de uma menina chamando seu pai não posso deixar de me virar esperando vê-la tal como era então.

Tão encantado que, depois de seu nascimento, comecei a escrever um livro de poemas dedicado a ela ou melhor, imaginando que fosse ela quem iria escrever o livro observando-se a si mesma. Eu o intitulei "Poemas em forma de criança", que ganhou um prêmio importante.

A mão calosa do trabalhador fala com frequência sobre o trabalho melhor que qualquer intelectual contratado pelo lobby. As mãos de meu pai pertenciam à categoria de calosas. Quando pegava as minhas pequenas em suas enormes, provava uma sensação de doçura e confiança que eu soube interpretar muito tempo depois, quando comecei a ter que ver com o mundo e sua hipocrisia. Eram o calor metafísico da honestidade mais profunda. Um calor totalmente de outro mundo. Quando as apertei pela última vez, no ataúde, então frias no tato intelectual, conseguiu fazer que o meu coração sentisse a mesma sensação de calor trabalhador, ansioso, sincero, que sentia na infância. A sensação intraduzível de calor que se despede depois de ter acompanhado e dado tudo".

Conclusão

A você que aceitou meu convite e me acompanhou até aqui, meu muito obrigado. Espero que, a partir deste conteúdo, você tenha indicações e inspirações para lidar com as necessidades das Crianças de Hoje e com os desafios de ser pai e mãe. Um caminho árduo, mas ao mesmo tempo gratificante, rumo ao desenvolvimento saudável e ao relacionamento harmonioso e equilibrado com seus filhos.

Nós abordamos a urgência de mudarmos alguns hábitos nocivos como a delegação da criação às babás eletrônicas, a TV e o celular. O uso indiscriminado desses aparelhos pode prejudicar a saúde e o desenvolvimento emocional de seu filho.

40 minutos por dia é o suficiente para que a criança tenha contato com a tecnologia, mas não seja dominada por ela. Ao lidar com esta questão, você também pode rever seus hábitos neste sentido.

Você também viu que a opção pelo parto normal contribui para uma boa formação emocional da criança. O Brasil é um dos primeiros países no mundo no ranking de cesarianas, que costuma ser aceita sem questionamentos por partes das futuras mães diante da pressão dos obstetras. O parto normal não é apenas possível como extremamente benéfico para a criança.

Falamos também dos benefícios da Tecnologia Educacional GiraSol, método que pode ser aplicado para reduzir o estresse, relaxar as tensões, ativar a imaginação e o desenvolvimento em sala de aula e fora dela.

A questão dos limites, uma das principais situações que geram conflito nos relacionamentos entre pais e filhos e que precisam ser estabelecidos nas diversas fases do desenvolvimento da criança, também foi abordada. É fundamental que os pais estejam atentos a esta questão, pois limites são necessários para a formação de indivíduos responsáveis socialmente e emocionalmente saudáveis. Além de auxiliarem a criança a lidar com suas frustrações, dificuldades e desafios ao longo da vida. E o pré-requisito para impor limites é a habilidade, fazer dos momentos em que são necessários um exercício de questionamentos, autoavaliações e reflexões sobre o próprio papel como pais.

Com base em minha experiência na Creche Maternal Canto Mágico, levantei algumas questões que você precisa fazer no momento em que decidir matricular seu filho em uma creche. A avaliação do ambiente, dos profissionais, das atividades e das propostas psicoafetivas e pedagógicas são essenciais para garantir que a criança tenha uma educação complementar à do lar saudável.

Também trouxe a importância do contato e interação com a Natureza, prática comum em escolas do primeiro mundo, através do método da "Escola na Floresta". A Natureza é fonte de uma vasta gama de estímulos sensoriais fundamentais para educar, desenvolver seres humanos mais conscientes das necessidades de preservação do ambiente natural, importante para a sobrevivência de nossa e de muitas outras espécies.

Também espero que os depoimentos trazidos estimulem você a refletir sobre os desafios que vai enfrentar ou tem enfrentado na primeira infância e a observar as mudanças internas ao longo da tarefa gratificante de criar filhos saudáveis.

Gostaria de agradecer de coração aos meus colaboradores Sandra Ebisawa, Sonia Britto, Nair Wanderley Melo Filha, Cecília Lessa, Carolina de Toledo Fattori e a Roberto Cacuro por suas contribuições preciosas para este conteúdo. A Carlo Scirocchi pelo seu incentivo e pelo depoimento inspirador sobre sua relação com o pai e com a filha. Aos pais que foram muito solícitos ao responderem minhas questões sobre os desafios e reflexões da paternidade.

Minha gratidão e agradecimento especial a Eldes Saullo, editor deste livro, que com sua experiência, competência e seriedade tornou possível trazer este conteúdo ao mundo. À Simone Saullo, que me deu a ideia de escrever sobre o tema. Agradeço também à Caroline Ramos, minha jovem e prestativa auxiliar, que me ajuda muito nas questões ligadas às tecnologias e à Maria Luiza Krempel e Kátia Azimute, pelo incentivo, presença e apoio ao projeto do livro.

Espero que este conteúdo, que foi construído em equipe, lhe sirva com indicações funcionais para tornar mais seguro seu percurso como "Pai e Mãe de Hoje". Criar um filho é um processo de aprendizado constante e espero que a leitura deste livro tenha contribuído para te ajudar neste desafio.

O projeto "Crianças de Hoje" vai além do livro. Contamos também com palestras, cursos, rodas de conversa e grupos terapêuticos para ampliar e propagar o desenvolvimento de crianças saudáveis, os futuros habitantes da Terra. Se você tem interesse em participar, acesse meu site em **www.reginadetoledo.com.br,** envie uma mensagem e fique por dentro da nossa agenda e das novidades.

A vida pode ser vivida como uma obra de arte: com Inteligência e Beleza. As crianças vivem naturalmente com presença e autenticidade. Cabe a nós adultos darmos a motivação necessária e não as impedirmos com nossos medos e complicações.

Que as informações aqui contidas possam clarear seu caminho na árdua e gratificante tarefa de criar um filho.

Um grande abraço,

Regina de Toledo

Sobre a Autora

Regina Antonia Garcia de Toledo é Psicóloga Clínica pelas Università Cattolica di Milano e Università degli Studi di Padova, Analista Reichiana pelo Instituto Ola Raknes, escritora e palestrante.

Fundou a Creche Maternal Canto Mágico com uma proposta de saúde preventiva segundo a linha clínica de John Bowlby e foi consultora do Vídeo do Bebê e da Revista Pais e Filhos, ambos da Editora Bloch Manchete, e do Caderno da Família, do Jornal O Globo.

Criou e realizou o "Projeto Internacional da Nova Consciência", com práticas de meditação profunda para trabalhar situações emocionais — que trouxe ao Brasil, em 2014, os autores italianos Igor Sibaldi, Daniel Lumera e Gaetano Pedullá – e um projeto para jovens operadores sociais que trabalham com adolescentes em escolas públicas e privadas com o tema "Wilhelm Reich e a Sexualidade dos Jovens".

Regina é autora de **"Uma Viagem Entre o Céu e a Terra"** e de **"Resiliência Psicológica: As Quatro Qualidades Poderosas Para Superar Desafios"**.

Site e Contato: **reginadetoledo.com.br**

Sobre a Casa do Escritor

A Casa do Escritor é uma consultoria que presta serviços e auxilia escritores no processo de autopublicação e divulgação de seus livros.

Conheça os livros publicados e saiba mais em **casadoescritor.com.br**

Casa Do
Escritor

www.casadoescritor.com.br